Blumen
für dich

COPPENRATH

Wenn du vergnügt sein willst,
umgib dich mit Freunden.
Wenn du glücklich sein willst,
umgib dich mit Blumen.

AUS JAPAN

Der Frühling
hat eine erlösende Kraft.

WILHELM BUSCH

Unkraut

nennt man die Pflanzen,
deren Vorzüge noch nicht
erkannt worden sind.

RALPH WALDO EMERSON

Blumen sind die

Liebesgedanken

der Natur.

BETTINA VON ARNIM

Betrachtet das Erwachen des Frühlings
und das Erscheinen der Morgenröte!
Die Schönheit offenbart sich denjenigen,
die betrachten.

KHALIL GIBRAN

In uns tragen wir
die Wunder,
die wir draußen suchen.

THOMAS BROWNE

Die prachtvollsten Blumen blühen oft im Verborgenen.

AUS ASIEN

Glück entsteht oft
durch Aufmerksamkeit
in kleinen Dingen.
WILHELM BUSCH

Die
beste Wärterin
der Natur
ist **Ruhe.**

WILLIAM SHAKESPEARE

Das Schöne am Frühling ist,
dass er immer dann kommt,
wenn man ihm am
dringendsten braucht.

JEAN PAUL

Wer ein Herz
für die Schönheit hat,
findet Schönheit überall.

GUSTAV FREYTAG

Schwing dich
aus allem heraus,
was dich beengt.

BETTINA VON ARNIM

Die Normalität ist
eine gepflasterte Straße;
man kann gut darauf gehen –
doch es wachsen
keine Blumen auf ihr.

VINCENT VAN GOGH

Die Natur ist immer neu,
wenn das Auge frisch bleibt.

MAX VON EYTH

In jedem Menschen ist

Sonne -

man muss sie nur

zum Leuchten bringen.

SOKRATES

Blumen sind
die schönen Worte und
Hieroglyphen der Natur,
mit denen sie uns andeutet,
wie lieb sie uns hat.

JOHANN WOLFGANG VON GOETHE

MB

Glück,
das ist in beiden Händen
Blumen halten.

AUS JAPAN

FSC
www.fsc.org
MIX
Papier | Fördert
gute Waldnutzung
FSC® C017997

ISBN 978-3-649-64999-1

Hafenweg 30, 48155 Münster, Germany

Grafische Gestaltung: Stefanie Bartsch
Redaktion: Daria Livaja und Leonie Schlüter

www.coppenrath.de

Die Natur
ist ein sehr gutes
Beruhigungsmittel.

ANTON TSCHECHOW

Farben sind das Lächeln der Natur
und Blumen sind ihr Lachen.

JAMES HENRY LEIGH HUNT

Überall hat man
den Himmel über sich.

FRANCESCO PETRARCA

Wer könnte
mit Freiheit,
Büchern, Blumen
und dem Mond
nicht glücklich sein?

OSCAR WILDE

In den kleinsten Dingen
zeigt die Natur die
allergrößten Wunder.

CARL VON LINNÉ

Der Frühling ist
eine echte Auferstehung,
ein Stück Unsterblichkeit.

HENRY DAVID THOREAU